문학과지성 시인선 292

낮은 수평선

김형영 시집

문학과지성사에서 펴낸 김형영의 시집

모기들은 혼자서도 소리를 친다(1979, 개정판 1994)
다른 하늘이 열릴 때(1987, 개정판 1995)
기다림이 끝나는 날에도(1992)
새벽달처럼(1997)
내가 당신을 얼마나 꿈꾸었으면(2005, 시선집)

문학과지성 시인선 292
낮은 수평선

초판 발행 / 2004년 10월 13일
3쇄 발행 / 2006년 2월 28일

지은이 / 김형영
펴낸이 / 채호기
펴낸곳 / (주)**문학과지성사**
등록번호 / 제10-918호(1993. 12. 16)

서울 마포구 서교동 395-2(121-840)
편집 / 338)7224~5 FAX 323)4180
영업 / 338)7222~3 FAX 338)7221
홈페이지 / www.moonji.com

ⓒ (주)**문학과지성사**, 2004. Printed in Seoul, Korea

ISBN 89-320-1545-7

* 이 책의 판권은 지은이와 (주)**문학과지성사**에 있습니다.
 양측의 서면 동의 없는 무단 전재 및 복제를 금합니다.

문학과지성 시인선 292

낮은 수평선

김형영

2004

시인의 말

시집을 낼 때마다 늘 그랬지만,
이번에도 미숙하다는 생각을 지우지 못한 채
또 흔적을 남기고 말았다.
언제쯤이면 나도 뻔뻔해지는 날 있을까?

2004년 가을
김형영

낮은 수평선

차례

▨ 시인의 말

제1부

노루귀꽃 / 9

가을 하늘 / 10

수평선 1 / 11

봄, 일어서다 / 12

거울 앞에서 1 / 14

올해의 목련꽃 / 15

변산바람꽃 / 16

수평선 2 / 17

깊은 슬픔 / 18

나뭇잎이여 / 20

나 / 21

수평선 3 / 22

아버지 / 23

이제는 낙화하라 / 24

뭔가 잘못되었다 / 25

제2부

"너!" / 29
告解 / 30
천 번을 뉘우쳐도 / 31
먼산바라기 / 32
촛불 하나 / 33
들었지 / 34
어머니 마리아 / 36
지금도 세상은 / 38
베드로여 베드로여 / 39
자비를 베푸소서 / 40
아멘 / 42
주님 안아보리라 / 44
뱀 / 46
행복합니다 / 47
보이지 않아도 / 48
거짓말 / 49

제3부

거울 앞에서 2 / 53
밤눈 / 54
산 산 산 / 56
저무는 언덕 / 57
별 하나 / 58
낙엽 지고 나니 / 59

나의 시 / 60
나의 시 정신 / 62
잘했다 / 64
金剛力士 / 66
가을 잠자리 / 68
無名 / 69
늙은 소나무 / 70
이 땅에서는 / 71
평안하도다 / 72
슬픈 가을 / 74
들녘에서 / 75
안녕 안녕 안녕 / 76
하늘길 / 78

▨ 해설 · 바라봄의 시학 · 김주연 / 79

제1부

노루귀꽃

어떻게 여기 와 피어 있느냐
산을 지나 들을 지나
이 후미진 골짜기에

바람도 흔들기엔 너무 작아
햇볕도 내리쬐기엔 너무 연약해
그냥 지나가는
이 후미진 골짜기에

지친 걸음걸음 멈추어 서서
더는 떠돌지 말라고
내 눈에 놀란 듯 피어난 꽃아

가을 하늘

몇십 년을 두고 가슴에 든 멍이
누구도 모르게 품안고 살았던 멍이
이제 더는 감출 수가 없어
멀건 대낮
하늘에다 대고
어디 한번 보기나 하시라고
답답한 가슴 열어 보였더니
하늘이 그만 놀라시어
내 멍든 가슴을 덥석 안았습니다
온통 시퍼런 가을 하늘이

수평선 1

하늘과 바다가 內通하더니
넘을 수 없는 선을 그었구나

나 이제 어디서 널 그리워하지

봄, 일어서다

봄, 일어서다.
한강을 건너 국립극장을 지나
성 베네딕도 수도원 가는 길
왼편
비 소식이 없는데도
키 큰 나무들
젖고 있다.

쏟아지는 햇살에
풀잎이 일어서고
흙이 일어서고
산허리 휘감은 공기
온몸으로
눈뜨고 있다.

백태가 벗겨지듯 하늘이 열어 놓은
바람의 집에서는
생명들이 알몸의 춤을 추고 있다.
(함께 추실까요?)
유혹에 못 이긴 척 꿈틀꿈틀

더 늙기 전에 어디 한번
나도, 일어서볼까.

거울 앞에서 1

벌판의 보잘것없는 들풀 하나도
꽃 한 송이 피우기 위해
일 년을 내내 몸살 하는데
나는 육십 년을 살아도
내 얼굴 하나 짓지 못하고
한겨울이구나

올해의 목련꽃

울타리 넘어 이웃집
하얀 목련꽃,
지난해에도
지지난해에도
洞內坊內 시끄럽게 꽃피더니
해가 가도 여전한
바람난 목련꽃,
올해에는
집집으로 호명하듯 피어서
저 좀 보셔요 저 좀 보셔요
속곳도 없이
소복을 펄럭이는 통에
온종일 그걸 바라보던 하늘이
그만 낯이 뜨거워
노을 속으로
노을 속으로 숨어버리네

변산바람꽃

너, 거기 피어 있었구나
가만히 들여다보니
봄바람은
네 작은 꽃 속에서 불고,
가난해도 꽃을 피우는 마음
너 아니면
누가 또 보여주겠느냐
이 세상천지
어느 마음이

수평선 2

땅끝마을에 와서
수평선 바라보는 날
무수한 배는
넘을 수 없는 선을
넘어가고 넘어오는데
내 그리움 하나
실어 나르지 못하고
어느덧 깊어버린
오늘 또 하루

깊은 슬픔

1

나는 네 뒷모습을 사랑한다
저주와 욕설과 돌팔매와
손가락질을 당하면서도
꽃나무를 찾아 그 뿌리 밑으로
밑으로 달아나던
네 뒷모습을 사랑한다

2

캄캄한 구멍 속에서 무슨 꿈 같은 꽃이라도
한 송이 피워보려는 것이냐
아침 햇살에 놀란 듯
산속으로 스미는 새벽 안개처럼
네가 꼬리를 감춘 자리엔
벗어 놓은 허물뿐
네가 뒤집어쓴 죄악의 허물뿐

3
너를 매몰치던 바람은
어디서 떠돌다 왔는지
그 가쁜 숨 몰아쉬는 바람에
온 땅이 꿈틀거려
만물이 놀라 눈을 뜨는데
세상은 또 네 이름을 부르면서
나오라고 어서 나와 보라고
한바탕 봄비를 쏟아붓는데

4
울렁이는 가슴, 떠오르는 무지개여
사람이 어떻게 알았겠느냐
캄캄한 구멍 속에서
겨우내 참았던 네 깊은 슬픔이
하늘 높이 떠오를 줄을
너와 나 사이에 다리를 놓을 줄을

나뭇잎이여

세상을 통해서 떨어지는 나뭇잎이여
세상과 함께 떨어지는 나뭇잎이여
세상 안에서 떨어지는 나뭇잎이여
오늘 나와 함께 떨어지는 나뭇잎이여

나

나 같은 것
나 같은 것
밤새 원망을 해도
나를 아는 사람 나밖에 없다

수평선 3

얼마나 아득하기에
천 번 만 번
처음인 양 밀려왔다 밀려가는가
아무리 꿈꾸어도 가 닿지 못하는
너와 나 사이
둥근 금줄이여

어느 하루 편한 날 없었다
빛이 끝나는 그곳을
바라보고 바라보고 바라보아도
잴 수 없는 거리여
하늘의 천둥 번개도
바다의 해일도 지우지 못하는
내 마음 수평선이여

아버지

별 볼일 없이 살다보니
먼 산 바라보기 바쁘다
해만 지면 산더러
"나도 돈 좋아해"
누구처럼 소리라도 한번 쳐볼 양이면
산은 멀어지듯 연이어 돌아눕고
옹색한 내 외침은 입천장을 떠돌다가
너는 누구냐고 따져 묻는다

아무리 가난해도
내 한 몸이 일생인 줄 알았는데
참으로 많은 일생이
앞을 가로막는다

내가 누군지도 모르고 사는
딱한 인생아
죽어서도 살아야 하는
너는 누구이고 나는 또 누구인가

이제는 낙화하라

너 어디로 가느냐
숨 가쁘게 숨 가쁘게
뒤돌아볼 틈도 없이

하늘 가득 구름의 떼
소나기 되어 쏟아지듯이
비틀거리며 비틀거리며
너 어디로 가느냐

쫓기려고 태어났느냐
지구의 끝까지 떠돌다가
벼랑 끝에 선 사람아

차라리 낙화하라 낙화하라
네가 아주 잘 비치는
강물 속으로
시커먼 강물 속으로

뭔가 잘못되었다

사는 게 힘들고 두려워
밤마다 잠자리에 들 때면
이대로 깨어나지 않기를 꿈꾸고

아침에 다시 깨어날 때는
오늘이 마지막인 듯 살아왔는데

이렇게 벌써 몇 년째인가
이러다 너무 오래 살면
누가 남아 나를 사랑해주지

제2부

"너!"

내 마음 水面에 떨어진 말씀 한 마디
그 파장이 어떠했던가

告解

원수 같은 놈
원수 같은 놈 죽어나버리지
되뇌듯 미워했는데
오늘 세상 떠났다는 소식에
내 앞길을 막으며
하얗게 쌓이는 아득함이여

천 번을 뉘우쳐도

천 번을 뉘우쳐도
만 번을 뉘우쳐도
머물 수 없는,
오늘도
길 없이 떠나는 바람처럼
밤 내 너를 불러
창문을 흔들어도
어쩔 수 없이
외로이 가지 끝에 매달려
바르르 떠는
마른 나뭇잎 하나
비록 두려움에 떨릴지라도
지금이 행복하나니
내게 머물 날 언제 또 있겠느냐

먼산바라기

스스로 밥이 되고 술이 되어서
맨발 거지로
우리 앞을 지나가는 사람,
그 사람이 누군 줄 뻔히 알면서도
우두커니 바라만 보고 서 있는
당신은 누구세요

촛불 하나

—석가모니 부처님 말씀으로 지은 윤후명의
「마음 하나 등불 하나」에 예수 그리스도의 말씀으로 화답하다

마음이 가난한 이들이 켜는 촛불 하나
굶주린 이들이 켜는 촛불 하나
우는 이들이 켜는 촛불 하나
박해 받는 이들이 켜는 촛불 하나
오늘 밤 내 병든 몸 밝히려고
저 혼자 타고 있는 촛불 하나
허공과 같아라

들었지

한 번 죽은 사람을
한 번 더 태어나라고
밤낮없이 기도하는 소리
들었지

너도 나도
아멘의 먹구름 속으로 들어가서는
통성으로 쏟아지는 소리
들었지

다시 태어나라고
다시 태어난다고
다시 태어났다고
눈으로 본 듯이 우기는 소리
들었지

죄 없이도 사는 걸 보여주려다
그만 죄 없어 벌 받은 사람
두 번 죄지으라고
큰 소리로 떠드는 소리

들었지

들었지
들었지
이천 년을 오늘같이
들었지

어머니 마리아

세상의 모든 나뭇잎 흔들고 지나가는
바람의 힘 다 모아 불어도
어머니,
당신을 하늘에 오르게 하지는 못합니다.

세상의 바닷물이 물방울로 떨어지는
그 물방울마다에
햇살 스미는 물비늘의 눈부심으로도
어머니,
당신을 하늘에 오르게 하지는 못합니다.

당신이 흘린 눈물 자국마다에
꽃 송이송이 피어난다 해도
온갖 새들이 밤새워 지저귄다 해도
어머니,
당신을 하늘에 오르게 하지는 못합니다.

캄캄한 다락방에 쏟아지는 뜨거운 사랑에
눈이 열리고 귀가 열리고 입이 열리고
가슴에 묻었던 무덤이 열리고

더는 참을 수 없는 아들을 향한 그리움으로
하늘에 오르는 어머니,
이제와 영원히 우리를 구원할
어머니 마리아여.

지금도 세상은

텅 빈 걸망 하나 걸 데도 없이
떠돌며 머물며
맨발 거지로 살다 간 사람,
그 이름 팔아 이천 년을
먹고 마시며 제멋대로 떠들어도
천벌 내리는 사람 하나 없구나
그분 없는 시대에 태어나
용케도 지옥은 면하는구나

베드로여 베드로여

베드로는 돌이니까
말씀 한 마디에
꼼짝도 하지 않는 바위니까

비가 내리면 그냥 내리는 비가 되고
눈이 쌓이면 그냥 쌓이는 눈이 되고
바람이 불고 천둥 번개가 치면
또 그렇게
바람이 되고 천둥 번개가 되는

베드로여 베드로여
뒤를 돌아보지 않고도
누구도 못 본 것을 본 베드로여
나에겐들 굳은 마음 없었겠느냐
당신에겐들 흔들리는 마음 없었겠느냐

자비를 베푸소서

나뭇가지 연해지고
잎이 돋아나는 때는
하늘이 눈뜨고 땅이 입을 열어
죄 없는 죄까지 다 돋아나서
이 세상엔 숨을 곳이 없사오니
님이여 자비를 베푸소서

어두운 데서 말한 것을
밝은 데 가서 말하라 해도,
귀에 대고 속삭인 말을
지붕 위에 올라가 외쳐라 해도
나는 한 마디도 못하였사오니
님이여 자비를 베푸소서

님을 사랑하기에 모든 욕망 다 버렸다고
온갖 덕목을 늘어놓아도
나의 속된 거짓 맹세는
내가 알고 땅이 알고
하늘이 알고 있사오니
님이여 자비를 베푸소서

홰를 치는 수탉처럼
보라색 옷을 걸치고
지붕 위에 올라가
제 탓이오 제 탓이오 제 큰 탓이라고
가슴을 치며 새벽을 외치오니
님이여 자비를 베푸소서

아멘

하늘을 우러르지 말지어다
우러러보기에는
하늘은 이미 저물었고
네 이름을 부를 사람은 없다

네 이름을 부르던 사람도
네가 부르던 이름도 지워지고
누가 네 이름을 부른들
무슨 소용이 있겠는가

지금 살아남은 이 너 홀로이니
이제 구원 같은 소릴랑 노래하지 말지어다
살아 있는 지금이 구원이니
네가 살아가는 것이 바로
길이요 진리요 생명이니
진실로 진실로 너 자신에게 말할지어다
스스로 제 이름을 지우면서,
이름이 없어도 나는 행복하다
구원이 없어도 나는 행복하다

어둠 속에 향을 사르듯 네 이름을 사르고
잔을 들어 하늘을 축복한 다음
땅바닥에 땅바닥에 부어버려라
인생은 향이요 술이니

주님 안아보리라

기뻐하여라
내 안의 구유 속에도
품에 안기듯 오늘
오시는 생명,

밤새 숨어 있던 태양이
새벽 하늘로 떠오르듯
사람이 되시어
우리 가운데
어서 오시는 숨결,

그 생명 그 숨결로
가난한 이들은
하늘나라를 차지하리니
지금 굶주리는 이들은
배부르게 되리니
지금 우는 이들은
웃게 되리니

기뻐하여라

오늘 밤
내 마음 두 손으로
주님 안아보리라

* 시집 『홀로 울게 하소서』에 수록한 것을 고쳤음.

뱀

어디서 들리느냐
거친 네 숨소리
어느 깜깜한 구멍 속이기에
이리도 가까이 들리느냐
목울음 같다
온몸으로 꼬여오는 먹구름
천둥을 치며 땅바닥에 쏟아지듯이
내 심장에 고동치며
밤새도록 밤새도록 무너지는
네 숨소리
없이 계시는 님의 말씀만 같다
억울한 게 어디 너뿐이냐는
님의 말씀만 같다

행복합니다

행복합니다
마지막 돌아갈 곳이 어딘지
분명히 알고 사는 사람

행복합니다
돌아갈 곳이 어딘지 알아
그 길을 닦으며 가는 사람

행복합니다
먼 여정에도 가지고 갈 것이라고는
남에게 베푼 것뿐인 사람

가지고 갈 것이 하나도 없어
살아온 흔적조차 남기지 않은 사람
당신은 행복합니다

살아서는 조롱과 부끄러움에
비틀거리지 않은 날이 하루도 없었나니

* 시집 『홀로 울게 하소서』에 수록한 것을 고쳤음.

보이지 않아도

보이지 않아도 보일 것 같은
말하지 않아도 들릴 것 같은
죽어서도 찾아 헤맬 것 같은

하늘로도 덮을 수 없고
바닷물로도 끌 수 없고
바람으로도 지울 수 없는

내 마음 수면에 핀 꽃이여

오늘은 너를 꺾어 들고
억만 광년의 별 하나 처음 만난 듯
바라보고 바라보고 바라보나니
너를 바라보듯
나를 바라보는 나조차도

거짓말

네가 한 거짓말 일곱 번이면
내가 한 거짓말
일곱 번의 일곱 번의
일곱 번은 되리

어제도 그랬고, 그제도
또 오늘도

제3부

거울 앞에서 2

웃어보려 해도
웃어보려 해도
웃음이 나오지 않아
거울 앞에 와서
물끄러미 바라보는
내 얼굴이여
평생이 한꺼번에
부끄럽구나

밤눈

눈이 쑤신다
낮에는 멀쩡하던 눈이
밤이면 쑤신다
밤을 새워 쑤신다
불을 켜지 않았는데도
불빛이 박히듯 쑤신다
내가 아직도
누굴 미워하고 있는 것인가

안약을 넣어도
한 방울이 아니라 연거푸
두 방울
세 방울을 넣어도
계속 쑤시는 것은
내 눈 속에 무슨 잘못된 것이
박혀 있는 것인가

밤새워 아파야 하는
무슨 잘못이 하나
깊이깊이 뿌리박고 있는 것인가

눈을 감아도 보이지 않는
눈을 떠도 보이지 않는

산 산 산

눈 감기듯
눈 감기듯
겹겹이는 누워서
먼 산이야

부르면 연이어
돌아눕는 산
밤늦도록 바라보는
먼 산이야

언제든 눈 감으면
눈 감기듯 넘어가는
먼 산이야

저무는 언덕

저무는 언덕
먼 먼 가을 바람
옷깃 여미는
긴 그림자
나를 지우며
어디로 가나

언덕을 넘으면
또 언덕
퍼지다 퍼지다
이내 사라지는
한 점 구름같이
어디로 가나

스치는 사람마다
뒤돌아보며
어디로 가나

별 하나

눈 깜박이듯이
구름 속을 들락거리는
별 하나,
밤새워 제자리로
떠나는구나

낙엽 지고 나니

낙엽 지고 나니
지고 난 자리 한결 가까이
길이 보인다

누구도 오늘 밤엔
돌아올 것 같지 않다

하늘의 슬픈 눈이
초롱초롱 내 눈에 박힌다

오늘 밤 아무래도
내가 먼저
먼 길 떠날 것 같다

나의 시

어느 술자리에서였지
취기가 오르기도 전에
칭찬이랍시고 하는 말이
내 시가 지나치게 짧고 단순한 것이…… 운운
시는 좀 비틀어 꼬는 맛이 있어야 한다기에
그만 오기가 생겨
내가 어느 새벽
진도 관매도로 가는 뱃전에서
새벽달이 사라지는 모습에 감동해

남해바다
병풍바위를 지나
좆바위를 돌아
돌아 돌아 자꾸만 고개가 좆바위를 돌아
흥분이 되어서
그만 뱃전에서 벌떡 일어나
속창자까지 보이며 사라지는
새벽달을 바라보니
내 속내가 보여
바라보는 내 눈알이 짜다

이런 시를 썼노라 했더니
그건 시가 안 된다고
앞뒤로 뭔가 붙어야 한다고
살인지 된장인지 돼지껍데기인지
그래 뭐든 좀더 붙이고
비틀어 꼬면 좋겠다고 한다
나더러 썩어버릴 것들을 붙이라고 한다
40년씩이나 시질을 했다는
돼지 속창자만도 못한 자 둘이서.

나의 시 정신

내가 살아서 가장 잘하는 것은 멍청히 바라보는 일이다. 산이든 강이든 하늘이든, 하늘에 머물다 사라지는 먹장구름이든, 그저 보이는 대로 바라보는 일이다. 한밤중 홀로 (깨어) 수곡지에 낚시를 드리우고 찌를 바라다보듯 그렇게 바라보는 일이다. 무슨 새가 울고 무슨 꽃이 피고 질 때도 그 이름 같은 건 기억하지도 않고 그냥 무심히 바라보는 일이다.

겨우내 땅속에 숨었던 생명들이 궁금해지면 봄비를 시켜 그 땅속 생명들을 불러내시는 하느님처럼 지난 기억들을 불러내어서는 마음벽에 걸어 놓고 또 그걸 한없이 바라보는 일이다. 아예 눈감고 누워 꾸벅꾸벅 졸듯이 바라보는 일이다.

그러다 어느 날 어딘지 거기 눈앞을 가리는 것들 사이사이로 나를 바라보는 내가 보이기라도 하면, 두렵고 부끄러워 그만 돌아눕고 돌아눕고 돌아누워버리지만, 깊어가는 밤중의 별처럼 더 뚜렷해지는 내 삶의 그림자여. 그래도 자꾸만 끼어드는 보이는 것, 보이지 않으면서 보이는 것들까지도 멍청히 바라보기만 한 이 일 하나는 참

잘한 것 같기도 하다.

잘했다
─저승에서 들려오는 스승의 말씀

잘했다
잘했다
잘했다
그거 한번 잘했다.
처자식 안 굶기려고
뒤틀리는 오장육부 움켜쥔 채
숨 가쁘게는 살아온 시간들
두 번씩이나 배반을 당하고도
그래도 체면은 섰으니
잘했다
잘했다
잘했다
이번 일 하나는 참 잘했다

그러니 한 잔 받게

이 눈치 저 눈치 다 보다가
그만 백내장에 걸렸어도
날이 저물기 전에
그깟 종이 한 장

밑씻개처럼 구겨 던져버린 것
잘했다
잘했다
잘했다
그거 한번 화창하게는 잘했다
다닥다닥 게딱지같이 달라붙은
굴종의
배반의
아부의 떼
하늘의 샘물로 씻어가며 살기로 한 것
그거 정말 한번 잘했다

그러니 또 한 잔 받게

金剛力士
——一浪을 생각하며

충청도 예산 양반,
마늘과 쑥을 먹고 자랐는지
몸도 마음도 그림까지도
山처럼 건강한 당신은 누구세요

天生 콧대 높은 환쟁이,
그러나 낮은 데로 허리 굽혀
놀면서도 그리고
밥상머리에서도 그리고
측간에서도 그리고
꿈속에서도 그리고
하루 스물다섯 시간,
붓만 잡으면 신들리는 당신은 누구세요

만나면 和氣를 얻고
얘기하면 理氣를 찾고
그림 보면 神氣를 얻어
무딘 가슴 두근거리게 하는 당신은 누구세요

보이는 건 안 그릴 수 있어도

느끼는 건 안 그릴 수 없는
無爲의 붓질,
예술과 신앙이 하나 되어
마침내 터득한 우리네 魂,
너그러움과 용서의 뿌리 美學을
루브르 카르젤에서 장엄하게 외쳐대던
당신은 누구세요

수없는 회오리바람의 늪에서
活火山의 마그마처럼 스스로를 담금질하는
未完의 求道者,
뼈를 깎는 실험 정신으로
따를 수 없이 홀로 가더니만
어느 사이 無法의 문턱에 들어선
大自由人,

욕심 많은 金剛力士여!

가을 잠자리

가을 잠자리는
날갯짓 한 번으로
구름을 지나가게 하고
구름 사이로 흔들흔들
즐거운 바람을 지나가게 하고
온몸이 다 멍이 들어버린
퍼런 하늘은
그만 무엇을 보았는지
공중에 떠서 붉게 물이 드네

無名

쓸모없는 나무가 산을 지키듯
묵묵히 살아가는 사람들이 있습니다
하늘이시여, 그들을 보아서라도
이 땅을 벌하지 마옵소서
오늘 밤에도 왕자별을 보여주소서

늙은 소나무

몇백 년을 살아서
반나마 가지에 병이 들어서
새봄처럼 살아나라고
병든 가지 잘라주었기에
올봄은 푸르리라 찾아갔더니
성한 가지가 대신 아파 있구나

늙으면 나무도
병과 더불어 살아가는 것을
봄날이 하늘까지 눈부신 것도
다 같은 이치인 것을
소나무여 소나무여
내 전생의 스승인
늙은 소나무여

이 땅에서는

이렇게 살면 또 어떠리
저렇게 살면 또 어떠리
그렇게 살면 또 어떠리
어지러운 이 땅에서
흔들리며 살아온 님이여
나 또한 그렇게
모진 바람에 흔들리어도
땅속 깊이 뿌리 내린 나무처럼
하늘에 뿌리 내리고
흔들리며 살아왔노니
어디 한 번 무슨 천둥 번개로든
내리쳐봐다오
내리쳐봐다오

평안하도다

평안하도다
깊고 푸른 수면이여
너에게서 태어났으니
너와 함께 퍼지리라

밤늦도록 꿈틀대던 먹장구름
먹장구름 속에서
빗방울 하나로 떨어져서
파문으로
파문으로
파문으로 퍼지는 일밖에는
내게는 다른 길이 없어

안기고 섞이고 묻히어
동그랗게 퍼지는 일밖에는
샛길도 뒷길도 내게는 없어
어지러이 가슴 조이며 살아왔느니

퍼져가는 파문이여
깊고 푸른 수면이여

나와 함께 스러져서
모두가 평안하도다

슬픈 가을

나뭇잎이 떨어진다
세상 끝을 돌아온 바람이 떨어진다
떨어진 나뭇잎 하나에 실려
허공이 흔들리고
흔들리는 허공에 매달린
가을이 하나
내 가슴에 박히는 날이여
네 뒷모습과 함께
풍경으로 떨어지는
나뭇잎이여

들녘에서

황혼이 물드는 쪽으로
한 떼의 철새들
날아간다

날아가는 하늘 아래
버려진 들녘
한 사나이 허리를 펴고
일어선다

일어서는 삶의 깊이에서
찾으라
어둠이 길을 지우기 전에
네가 가야 할 먼 길을

안녕 안녕 안녕

그냥 떠날까 하네
어디 갈 곳이 있는 것도 아니고
갈 곳이 있다 해도
오늘은 발길 따라 떠나고 싶어
그동안 내 발길이 가고 싶었던 곳이 어디였는지 궁금도 하고

한눈도 팔면서
천천히 걸어볼까 하네
입김 만한 봄바람에도
무슨 일이 있나 궁금해서
놀란 듯 꽃을 쫑긋 세우는 노루귀꽃,
손바닥에서 졸랑대던
강아지풀도 만나고 싶어

목적 없이 떠나는 이번 여행은
어떤 여행이 될까
떠나기도 전에 어느덧
이해되지 않던 것들이 갑자기 이해되고
용서할 수 없었던 일들이 용서가 되고……

누가 그리워도
돌아오진 않을 작정이네
이대로 길이 일어설 때까지
마냥 게으름을 피우고 싶어
그러니 나의 육체의 벗이여
안녕 안녕 안녕

하늘길

하늘밖엔 길이 없어
하늘로 떠나지만
하늘길은 너무 넓어
나 혼자는 못 떠나겠네

못 떠나겠네
못 떠나겠네 아무래도
너 없이 오늘 밤
하늘에 박힌
별 하나

해설

바라봄의 시학

김주연

1

"하늘과 바다가 內通하더니/넘을 수 없는 선을 그었"(「수평선 1」)다는 풍경 속에 김형영 시인의 메시지는 숨어 있다. 숨어 있다, 고 내가 말한 까닭은 조심스럽게 들쳐보아야 그 의미가 드러나기 때문이다. 생각해보자. 하늘과 바다가 내통했으면 그 본래의 구분은 없어지고 자연히 "넘을 수 없는 선" 또한 보이지 않을 것이 아닌가. 그렇다면 "內通"이 거짓이든지 "넘을 수 없는 선을 그었다는" 것이 시인의 착시 아닐까. 명백한 이 모순의 비밀은 "나 이제 어디서 널 그리워하지"라는 마지막 시행이 쥐고 있다. 대체 시인 앞에서 사라진 것이 무엇이길래 그는 "널" 그리워하는가. '너'는 대체 누구인가. 소멸된 것은 '넘을 수 없이 그어진 선' 아닌 것, 즉 그 반대의 상황일 것이다. 그러니까 이전에는 선 없이 하늘이 바다이며, 바다가 하늘이었던 것. 그러던 것이 하늘과 바다가 내통하여 하늘은 하늘로, 바다는 바다로 갈라지기로 한 것이다. 이러한 이별은 "내통"의 연상과는 사뭇 다르다. 양자의 결정은 내통이라기보다는 단순한 결정, 혹은 슬픈 별리라고 하는 편이 산문적 관습에 어울린다. 세상에 헤어지자고 내통하는 자들이 있겠는가.

그렇다면 내통이라는 표현은 아마도 아이러니일 것이다. 그렇다고 접어두고 이제 하늘과 바다에 대해 생각해보자. 하늘에 대해서, 혹은 바다에 대해서 그것들이 풍경으로 다가오는 한, 우리는 모를 것이 없다. 그러나 둘의 이별로 말미암아 잃어버린 "너"가 있다니 단순한 풍경은 아닌 것 같다. 그렇다면 이별 이전, 즉 하늘과 바다가 하나를 이루고 있는 상황의 소멸이 바로 시인의 상실인 셈이다. 시인은 결국 하늘과 바다가 하나로 어우러진 세상을 그리워하고 있고, 거기에 자신의 시인의식이 속하고 있음을 고백한다. 바다인 하늘과 하늘인 바다. 그 세상은 대체 어떤 세상인가.

김형영의 하늘과 바다는 밖의 풍경 아닌 마음의 심상이다. 둘은 시인의 마음속에서 둥글게 어울려 있다.

> 얼마나 아득하기에
> 천 번 만 번
> 처음인 양 밀려왔다 밀려가는가
> 아무리 꿈꾸어도 가 닿지 못하는

너와 나 사이
둥근 금줄이여

어느 하루 편한 날 없었다
빛이 끝나는 그곳을
바라보고 바라보고 바라보아도
잴 수 없는 거리여
하늘의 천둥 번개도
바다의 해일도 지우지 못하는
내 마음 수평선이여

「수평선 3」 전문이다. 수평선은 시인에게서 마음의 수평선이며, 하늘의 천둥 번개도 바다의 해일도 지우지 못한다. 우리의 시각을 통해 인지되는 수평선은 하늘과 바다를 갈라놓는 경계의 금인데, 여기서는 그 일을 하지 않는, 독특한 금줄, "너와 나 사이/둥근 금줄"이다. 말하자면 그 줄이 보이기는 보이지만, 시인은 짐짓 보지 않는다. 그렇기에 수평선을 바라보는 마음은 "어느 하루 편한 날 없었다". 그렇다면 시인은 왜 굳이 선일 수밖에 없는 수평선을 말하는가. 구별과 선 대신, 하나로 어우러진 '둥금'의 세계를 그리워하는 그에게 수평선은 원망의 금줄로 극복하고 싶었던 것인가. 「수평선 2」라는 작품이 또 한 편 더 있다.

땅끝마을에 와서
수평선 바라보는 날
무수한 배는

넘을 수 없는 선을
넘어가고 넘어오는데
내 그리움 하나
실어 나르지 못하고
어느덧 깊어버린
오늘 또 하루

  배는 수평선을 넘어간다. 배를 타면 수평선은 없어지는 것이다. 그러나 시인은 배를 타지 않고, 배를 바라다본다. 김형영 이해의 단초는 바로 여기에 있다. 움직임 아닌 응시의 의식. 가거나 오지 않고 바라보기만 할 때, 당연히 그곳을 향한 그리움만 생겨날 수밖에 없다. 그리하여 결국 그리움의 한계에 대해서 시인 자신도 절망하고, 안타까워한다.「수평선 1」이다.

하늘과 바다가 內通하더니
넘을 수 없는 선을 그었구나

나 이제 어디서 널 그리워하지

  선은 그 속에 화자가 있을 때 보이지 않는다. 선은 거기에 가까이 갈 때 잘 보이지 않는다. 그러나 멀리 떨어지면 — 아주 멀리 가버리지 않는다면 — 잘 보인다. 이 점에서 시인은 항상 일정한 거리에서 선을 보고 있는 것이다. 하늘과 바다 사이의 수평선 뿐이겠는가.

2

김형영의 시는 이렇듯 바라봄의 시학을 펼친다. 그의 바라봄 안에는 하늘과 바다만 있지 않다. 꽃도 있고, 산도 있고 나무도 있다. 그 현장을 뒤져보자.

>지친 걸음걸음 멈추어 서서
>더는 떠돌지 말라고
>내 눈에 놀란 듯 피어난 꽃아　　　　—「노루귀꽃」 뒷부분

>멀건 대낮
>하늘에다 대고
>어디 한번 보기나 하시라고
>답답한 가슴 열어 보였더니　　　—「가을 하늘」 중간 부분

>올해에는
>집집으로 호명하듯 피어서
>저 좀 보셔요 저 좀 보셔요
>속곳도 없이
>소복을 펄럭이는 통에
>온종일 그걸 바라보던 하늘이
>그만 낯이 뜨거워
>노을 속으로
>노을 속으로 숨어버리네　　　—「올해의 목련꽃」 뒷부분

>가난해도 꽃을 피우는 마음

너 아니면
누가 또 보여주겠느냐
이 세상천지
어느 마음이 　　　　　　——「변산바람꽃」 뒷부분

별 볼일 없이 살다보니
먼 산 바라보기 바쁘다 　　　——「아버지」 앞부분

그 사람이 누군 줄 뻔히 알면서도
우두커니 바라만 보고 서 있는
당신은 누구세요 　　　　　——「먼산바라기」 뒷부분

오늘은 너를 꺾어 들고
억만 광년의 별 하나 처음 만난 듯
바라보고 바라보고 바라보나니
너를 바라보듯
나를 바라보는 나조차도 　　　——「보이지 않아도」 뒷부분

거울 앞에 와서
물끄러미 바라보는
내 얼굴이여 　　　　　——「거울 앞에서 2」 중간 부분

밤새워 아파야 하는
무슨 잘못이 하나
깊이깊이 뿌리박고 있는 것인가
눈을 감아도 보이지 않는

눈을 떠도 보이지 않는 　　　　　　　──「밤눈」 뒷부분

부르면 연이어
돌아눕는 산
밤늦도록 바라보는
먼 산이야 　　　　　　　　──「산 산 산」 중간 부분

속창자까지 보이며 사라지는
새벽달을 바라보니
내 속내가 보여
바라보는 내 눈알이 짜다 　　　──「나의 시」 중간 부분

　내가 살아서 가장 잘하는 것은 멍청히 바라보는 일이다. 산이든 강이든 하늘이든, 하늘에 머물다 사라지는 먹장구름이든, 그저 보이는 대로 바라보는 일이다. ──「나의 시 정신」 앞부분

보이는 건 안 그릴 수 있어도
느끼는 건 안 그릴 수 없는
無爲의 붓질,　　　　　　　　──「金剛力士」 중간 부분

온몸이 다 멍이 들어버린
퍼런 하늘은
그만 무엇을 보았는지
공중에 떠서 붉게 물이 드네 　　──「가을 잠자리」 뒷부분

　　　　　　　　(이상 윗점은 모두 해설자주)

바라봄의 시학　85

그의 시 거의 대부분에 앉아 있는 이 같은 '봄,' 그리고 '보임'! 그의 시는 그러므로 무엇인가를 바라보는 응시의 시며, 눈의 시학이다. 일찍이 G. 벤과 같은 시인은 세상의 동력학에 절망하고 역사를 부정함으로써 응시의 시학에 매몰되었다. 그러나 그는 거기서 저 유명한 정시(靜詩)를 태동시켰으며, 절대시론을 전개함으로써 20세기 현대시의 한 축을 세우지 않았던가. 그렇다면 김형영의 바라봄은? 딱이 잡히는 것이 마땅찮다. 그저 하염없이 바라만 보고 있는 것이다. 시인 스스로 "가장 잘하는 것은 멍청히 바라보는 일"이라고 하지 않는가. 그러나 바로 이 작품에서 시인은 중요한 단서 하나를 흘리고 있다.

> 그러다 어느 날 어딘지 거기 눈앞을 가리는 것들 사이 사이로 나를 바라보는 내가 보이기라도 하면, 두렵고 부끄러워 그만 돌아눕고 돌아눕고 돌아누워버리지만, ―「나의 시 정신」 중간 부분

시인은 한 평면 공간에 널려 있는 풍경이나 사물들을 무연히 바라보다가 문득 그 사이에서 기억이라는 시간의 공간으로 그 응시 대상을 이동시키는 것이다. 그 기억은 시인 자신의 것. 거기서 그는 부끄러움을 발견한다. 이 부끄러움은 자책과 자기연민으로 발전하면서 시적 자아를 흔든다. 이 동요 때문인지 바라봄의 주체는 시인 자신만이 아니라 타자의 형태로 나타나기도 하는데, 그때 그 타자의 자리에 잘 등장하는 존재가 하느님, 혹은 하늘이라는 사실이 특이하다. 앞의 긴 인용들에서 이 장면들이 드러난 부

분을 다시 본다.

> 하늘에다 대고
> 어디 한번 보기나 하시라고
> 답답한 가슴 열어 보였더니　　——「가을 하늘」 중간 부분

 위 시에서 시적 화자는 시인이지만, 그 화자는 하늘로 하여금 다시 시적 화자가 되어줄 것을 요구한다. 하늘이 보아주기를 바라는 시인의 가슴이 답답하기 때문이다. 시적 자아의 심리적 자리는 이렇듯 답답함이며, 그로부터 유래된 자괴감이다. 여기서 시인은 하늘을 바라보고, 하느님을 찾는다. 그러나 자신의 상황을 이해하고 받아들여주기를 바라면서도, 자신의 속을 보아달라고 요청하면서도 막상 하느님 앞에서조차 여전히 부끄럽다.「올해의 목련꽃」에서 "저 좀 보셔요 저 좀 보셔요" 하고 하늘을 향해 보아줄 것을 호소하던 목련꽃, 그러나 그 꽃 속을 보던 하늘이 낯뜨거워 노을 속으로 피해버린다는 묘사는, 이 시집에서 가장 아름다운 장면을 만들면서, 김형영 시의 핵심을 건드린다. 그 부분을 조금 더 풀이하면 이렇다.

 1) 목련꽃이 하늘을 바라보고 보아줄 것을 요구한다.
 2) 목련꽃은 속곳도 없이 소복을 펄럭인다.
 3) 그 민망한 장면을 하늘이 온종일 바라본다.
 4) 하늘은 낯이 뜨거워 노을 속으로 숨는다.

 여기서 목련꽃은 시인, 하늘은 물론 하느님이다. 시인은

바로 다음 작품에서 목련꽃에 이어 변산바람꽃이 되며, 가난해도 꽃피는 마음을 지닌 자신의 이중 처지를 내비친다. 즉 '가난과 꽃'이다. 가난한 꽃의 모습으로 빚어진 시적 자아를 통해 시인을 바라보고, 또 바라봄의 대상이 된다.

3

그러나 김형영은 사람은 잘 바라보지 않는다. 그 사람들이 어울려 만들어가고 있는, 저 '현실'이라는 플레게톤의 강은 들여다보기조차 두려운 것일까. 이와 관련해서는 몇 군데 수상한 대목이 눈에 띈다.

나 같은 것
나 같은 것
밤새 원망을 해도
나를 아는 사람 나밖에 없다.　　　　　　——「나」 전문

원수 같은 놈
원수 같은 놈 죽어나버리지
되뇌듯 미워했는데
오늘 세상 떠났다는 소식에
내 앞길을 막으며
하얗게 쌓이는 아득함이여　　　　　　——「告解」 전문

눈이 쑤신다

낮에는 멀쩡하던 눈이
밤이면 쑤신다
밤을 새워 쑤신다
불을 켜지 않았는데도
불빛이 박히듯 쑤신다
내가 아직도
누굴 미워하고 있는 것인가 ——「밤눈」 앞부분

산문적인 고백으로 된 위의 인용들은 이 시인이 인간관계를 통해 마음의 상처를 받았고, 그 상처에 예민하게 반응하고 있으며, 그 기간 또한 오래 지속되고 있음을 보여준다. 또한 타자에 대한 증오, 자신에 대한 자학과 같은 감정이 남아 있음을 숨기지 않는다. 어머니 마리아와 베드로를 시의 제목으로까지 삼고 있는 가톨릭 교인임을 생각할 때, 시인의 이러한 진술은 다소 뜻밖이다. 교인으로서의 첫 출발이 영성이라고 할 때, 그것은 자신의 깨어짐으로부터 비롯된다고 하지 않는가. 죄인임이 고백되고, 그리스도에 의해 구속이 이루어짐에 감사하는 기본적인 재생의 감격이 인간관계에 의해 훼손되고 있는데, 문제는 그 훼손이 시에까지 파장을 일으키고 있다는 사실이다. 그 훼손은 지나친 자기 집착→반성→자학으로 이어져, 앞서 언급한 시적 자아의 동요라는 형태로 나타난다. 원래 시적 자아란 경험적·일상적 자아에 대비되는 말로서, 평범한 일상인인 화자가 시를 통해 특정한 시인의 모습으로 다시 탄생함을 일컫는 것이다. 대개의 경우 이때 그 시는 시인이 선택한 대상으로서의 사물이 경험계 안에서의 형상을 벗고 시적 상징에 의해 다른 형상으로 태어나는 과정 그 자체이며, 여기서의 그 '다른 형상'이 바로 시적 자아이다. 가장 비근한 예로 김춘수의 「꽃」과 같은 것. 김형영의 시적 자아는 어떤 경우 경험적·일상적 자아가 그대로 재현되며, 그렇지 않은 때라 하더라도 위축되고 왜곡된 자아에 대한 안타까움이 부각된다. 고려되어야 할 일이 있다면, 경험적 자아에서 시적 자아에 이르는 회로에 구체적인 대상으로서의 사물이 자주 결여되어 있다는 점이다. 그리하여 경험적 자아는 시적 대상이 된 사물의 매개 없이 시적 자아로 직진해 버린다. 시가 운문으로서의 우회 ─ 상징, 멜로디 따위 ─ 대신 산문적 분위기를 풍기는 것은 이 때문이다.

  초기의 관능적인 시로부터 최근의 경건한 시들에 이르기까지 40여 년간 단정하게 시업을 지켜온 김형영 시의 부피는 많지도 적지도 않다. 그러나 풍성한 느낌이 들지는 않는데, 그 원인이 작업량의 과소와는 무관해 보인다. 오히려 지나치게 자성적인 시의 성격과 분위기 탓이리라. 무언가 육질의 촉감이 느껴지지 않는다면, 이 역시 관능성의 퇴조를 지적하는 말로 읽혀지면 안 될 것이다. 앞서 말했듯이 그것은 시적 사물에 무관심한 태도에 대한 나의 불만의 표현일 것이다. 세상은 사람들로 가득 차 있지만, 그 사람들의 좋은 지배를 받아 좋을 숱한 사물들로 또한 가득 차 있다. 그 사물들 속에는 물론 꽃, 나무와 같은 식물들도 있고, 김시인이 단 한 번도 최근의 시에서 진지한 대상으로 삼은 일 없는 동물들도 있다. 물론 산, 강과 같은 자연들도 있다. 이즈음엔 엄청난 기술 발전에 의한 문명의 사물들이 곳곳에서 넘쳐난다. 그런데 김시인의 시에는 그런

것들이 별로 보이지 않는다. 역동적인 움직임의 세계는 따라서 김형영과는 아예 무관한 나라이다.

'바라봄의 시학'을 지키기 위해서는 눈이 좋아야 한다. 그러나 그 눈에도 문제가 생긴 것 같다. 「밤눈」을 읽는 내 마음은 많이 아프다. 눈이 쑤신다고 하지 않는가. 불을 켜지 않았는데도 불빛이 박히듯 쑤신다니! 그 이유로서 시인은 자신이 누굴 미워하기 때문이 아닐까 짐작한다. 사람의 눈은 그 같은 양심에 의해서 상해도 좋을 지탄의 대상이 아니다. 거꾸로 말해서, 누구를 미워하는 것을 반성하는 양심은 제 눈을 쑤시는 것으로 자족해서는 안 된다. 그것은 시적 모티프일 수는 있어도, 한두 번의 직접적인 토로, 혹은 진술로 보다 완성된 작품으로의 길을 중단시켜서는 안 된다. 아, 나는 이렇게 말하면서도 이제 이 세상에서 그 글자조차 없어진 것 같은 '시인의 양심'이 고통을 받고 있는 것을 본다. 그 고통은 소중하지만, 읽는 이의 마음은 편치 않다. 결국 시인은, 쑤시는 눈의 고통이 누군가를 미워하는지도 모른다는 자의식에서 비롯되었음을 인정하면서도 그것이 진정되지 않음에 다시 고통스러워한다. 이번에는 심한 육체적 통증을 동반한다. 그 통증의 원인은 이제 눈을 감아도 보이지 않고, 눈을 떠도 보이지 않는다. 바라봄의 시학도 이렇게 되면 흔들리지 않겠는가.

그러나 기억하라. 하늘과 바다가 내통하더니 헤어진 그 기막힌 아이러니를. 아이러니는 여기에 이르러 새롭게 그 진면목을 닦아 보인다. 하염없이 풍경만을 바라보던 그 바라봄의 시학은 자신의 내면을 거침으로써 마침내 제 눈을 쑤신다. 시인은 이로 말미암아 눈을 감아도, 눈을 떠도 아무엇도 보이지 않는다고 하지만, 바야흐로 여기서 눈 없이도 볼 수 있는 저 천지인 삼재회통의 세계가 열리고 있음을 어쩌랴.

    눈 감기듯
    눈 감기듯
    겹겹이는 누워서
    먼 산이야

    부르면 연이어
    돌아눕는 산
    밤늦도록 바라보는
    먼 산이야

    언제든 눈 감으면
    눈 감기듯 넘어가는
    먼 산이야

「산 산 산」 전문이다. 이 시에서 산은 없다. 눈으로 바라보는 산은 존재하지 않는다는 말이다. 누워 있는 듯하면서도 없는 산. 더 정확하게 말한다면 있는 듯 없고, 없는 듯 있는. 적어도 눈을 통한 산은 없다. 그런데 이상도 하여라, 눈을 떠난 산은, 산, 산, 산……으로 이어지고 겹쳐진다. "구름 속을 들락거리는/별 하나"(「별 하나」)도 그리하여 "눈 깜박"의 시간이며, "언덕을 넘으면/또 언덕/퍼지다 퍼지다/이내 사라지는/한 점 구름같이/어디로 가나"(「저무는 언덕」)라는 출현과 소멸의 잠언이 새삼스러워진다. 그것은 눈을 통한 현상의 세계를 지우고 내면 속에서 새 현상을 만들어보는 소멸과 출현의 길이다. 그 회로에는 목적지가 없다. 중요한 것은 그 과정 속에서 시인 자신이 거듭 지워지고 있다는 것. 시적 자아는 급기야 소멸일 수밖에 없다는 쓸쓸한 인식이다. 그 세계는 비감스럽지만, 베드로와의 동행을 꿈꾼다면 차라리 행복하리라. "옷깃 여미는/긴 그림자/나를 지우며/어디로 가나"(「저무는 언덕」)라는 쿠오 바디스적 질문은, 따라서 아이러니다. 아니, 반드시 그렇게 되어야 시를 읽는 독자들은 시의 숙명적인 조직이 감추고 있는 비밀을 누릴 수 있을 것이다.

  그 비밀의 일단은 사실상 이미 밝혀졌다. 그것은 분리·이별을 두려워하는 그리움 속에 내재해 있다. 하늘과 바다가 수평선을 통해 서로의 몸을 분명히 하는 것을 내통한다고 일갈했던 시인의식 속에 숨어 있는 저 분화(分化)를 향한 불안감. 어떤 분화의 선이든 "둥근 금줄"이기를 바라는 그의 희망은, 그러나 분화에 분화를 거듭하는 기술사회에서 무력하기 짝이 없다. 게다가 끊임없이 변화와 개혁의 쇳소리들이 가세하는 형국에서는 아예 묻혀버리기 일쑤이리라. 김형영 시의 신선함과 긴장감은 역설적으로 이 같은 바보스러운 고풍에 깃들어 있다. 문화재마저 상품성으로 평가되는 이 날렵한 세상 속에서 무연하게 앉아 있는 그 어긋난 시적 자아는 차라리 새로운 문화재의 몸매인지도 모른다.